BEI GRIN MACHT SICH IHR
WISSEN BEZAHLT

Ernst Probst

Brontornis

Riesenvögel in Argentinien

GRIN Verlag

Bibliografische Information der Deutschen Nationalbibliothek:

Die Deutsche Bibliothek verzeichnet diese Publikation in der Deutschen National-bibliografie; detaillierte bibliografische Daten sind im Internet über http://dnb.d-nb.de/ abrufbar.

Impressum:

Copyright © 2014 GRIN Verlag GmbH
Druck und Bindung: Books on Demand GmbH, Norderstedt Germany
ISBN: 978-3-656-75530-2

GRIN - Your knowledge has value

Der GRIN Verlag publiziert seit 1998 wissenschaftliche Arbeiten von Studenten, Hochschullehrern und anderen Akademikern als eBook und gedrucktes Buch. Die Verlagswebsite www.grin.com ist die ideale Plattform zur Veröffentlichung von Hausarbeiten, Abschlussarbeiten, wissenschaftlichen Aufsätzen, Dissertationen und Fachbüchern.

Besuchen Sie uns im Internet:

http://www.grin.com/

http://www.facebook.com/grincom

http://www.twitter.com/grin_com

Ernst Probst

Brontornis

Riesenvögel in Argentinien

Bild auf der vorhergehenden Seite:

Ausschnitt aus einer Rekonstruktionszeichnung von Brontornis von Stanton F. Fink bei „Wikipedia"

Allen Ornithologen und Paläornithologen
gewidmet

*Ausschnitt aus einer
Rekonstruktionszeichnung
von Brontornis
von „Sablegsd"
bei „Wikipedia"*

Vorwort

Riesenvögel in Argentinien

Sehr große und schwere Vögel stehen im Mittelpunkt des Taschenbuches „Brontornis – Riesenvögel in Argentinien". Der flugunfähige *Brontornis burmeisteri* aus der Zeit vor 27 bis 17 Millionen Jahren gehörte mit einer Scheitelhöhe bis zu 2,80 Metern und einem Lebendgewicht von maximal 400 Kilogram zu den größten und schwersten Vögeln der Erdgeschichte. Ähnlich eindrucksvoll war der vor 15,9 bis 11,6 Millionen Jahren lebende Terrorvogel *Phorusrhacos longissimus* mit einer Höhe bis zu 2,50 Metern und sogar noch etwas größer der mehr als 3 Meter hohe Räuber *Kelenken guillermoi*. Auch diese beiden Räuber konnten nicht mehr fliegen. Dagegen gilt der vor 8 bis 5 Millionen Jahren existierende Greifvogel *Argentavis magnificens* mit einer Flügelspannweite bis zu 8 Metern als der größte fliegende Vogel aller Zeiten. Nur die allergrößten Flugsaurier übertrafen seine Flügelspannweite noch um einige Meter. Allein manche Flugfedern von *Argentavis* maßen ungefähr 1,50 Meter Länge und 20 Zentimeter Breite. Verfasser des Taschenbuches „Brontornis – Riesenvögel in Argentinien" ist der Wiesbadener Wissenschaftsautor Ernst Probst, der zahlreiche Werke über urzeitliche Tiere geschrieben hat.

*Argentinischer Geograph, Anthropologe und Entdecker
Perito Moreno (1852–1919)*

Ein schwerer Vogel
aus Südamerika

Brontornis

Mit einer Scheitelhöhe bis zu 2,80 Metern und einem Lebendgewicht von schätzungsweise maximal 400 Kilogramm gehört der flugunfähige *Brontornis burmeisteri* zu den größten und schwersten Vögeln der Erdgeschichte. Nach den bisherigen Fossilfunden zu schließen, existierte *Brontornis* vom Oberoligozän vor etwa 27 Millionen Jahren bis zum Untermiozän vor 17 Millionen Jahren in Südamerika.

Die Kenntnisse über *Brontornis burmeisteri* stützen sich lediglich auf einige Dutzend Knochenfragmente aus der argentinischen Provinz Santa Cruz in Patagonien. Zum größten Teil stammen diese Funde aus der Santa-Cruz-Formation, die man in die Übergangzeit vom Untermiozän zum Mittelmiozän vor etwa 18 bis 16 Millionen Jahren datiert. In der damaligen Landschaft mit Galeriewäldern und offenen Lebensräumen lebten große Lauf- und Wasservögel sowie große pflanzenfressende Säugetiere. Fossilienreiche Fundstätten befinden sich vor allem an der Atlantikküste von Argentinien, aber auch im Landesinneren.

Wichtige Fundstellen von *Brontornis burmeisteri* sind der Lago Argentino, ein See von der dreifachen Größe des Bodensees im Landesinneren sowie Monte Léon (Löwenberg) und Monte Observacíon (heute Cerro Observatorio). Zu den *Brontornis*-Fossilien gehören Teile des Unterkiefers, einzelne Brustwirbel, Teile der Laufbeine sowie einige Finger- und Zehenknochen.

Die wissenschaftliche Erstbeschreibung von *Brontornis burmeisteri* erfolgte 1891 durch den argentinischen Geographen, Anthropologen und Entdecker Perito Moreno (1852–1919) und den französischen Geologen Alcides Mercerat. Letzterer wird manchmal auch als schweizerischer Geologe namens Alcide Mercerat bezeichnet. Mit dem

Deutscher Naturwissenschaftler
Carlos Germán Burmeister (1807–1892),
Direktor des „Museo Argentino de Ciencas Naturales
Bernardino Rivadavia" in Buenos Aires

Artnamen *burmeisteri* ehrten Moreno und Mercerat den deutschen Naturwissenschaftler Carlos Germán Burmeister (1807–1892), der ab 1862 als Direktor des „Museo Argentino de Ciencas Naturales Bernardino Rivadavia" in Buenos Aires wirkte. Der in Stralsund geborene Burmeister arbeitete als Geograph, Geologe, Botaniker, Ornithologe, Meeresbiologe, Entomologe, Zoologe, Paläontologe und Meteorologe und veröffentlichte mehr als 300 wissenschaftliche Arbeiten. In Argentinien erwarb er sich große Anerkennung und einen ähnlich guten Ruf wie der deutsche Naturforscher Alexander von Humboldt (1769–1859), mit dem er befreundet war.

Auch die Familie der Brontornithidae wurde 1891 von Moreno und Mercerat beschrieben.

Perito Moreno hieß eigentlich Francisco Pascasio Moreno. 1872 war er einer der Mitbegründer der „Sociedad Cientifica Argentina". In der 1882 neugegründeten Hauptstadt La Plata der Provinz Buenos Aires avancierte er 1885 zum ersten Direktor des „La-Plata-Museums". Perito ist im Spanischen eine Amtsbezeichnung für „Sachverständiger", die er 1902 mit dem Titel „Perito de la Comisón de Limites" während der Grenzvermessung von Argentinien und Chile erhielt. Nach Perito Moreno, der sich auch politisch betätigte, sind eine Kleinstadt, ein Nationalpark und ein Gletscher benannt.

Bisher ungeklärt ist die Ernährungsweise von *Brontornis burmeisteri*. Wegen des im Vergleich zum Unterschenkelknochen (Tibiotarsus) kurzen Laufbeins (Tarsometatarsus) vermuten einige Experten, *Brontornis* könne ein Aasfresser gewesen sein, der an niedrige Laufgeschwindigkeiten angepasst war. Andere Fachleute dagegen glauben an eine eher pflanzenfressende Lebensweise. Neuere Untersuchungen am Unterkiefer deuten darauf hin, dass dieser wahrscheinlich nicht zum Zerfleischen tierischer Nahrung geeignet war. Wegen der beachtlichen Körpergröße nimmt man an, *Brontornis* habe sich eher in offenen Landschaften aufgehalten.

Obwohl sie nicht näher verwandt waren, ähnelte der Körperbau von *Brontornis burmeisteri* demjenigen des bis zu 3 Meter großen

Rekonstruktionszeichnung von Brontornis
von „Sablegsd" bei „Wikipedia"

Rekonstruktionszeichnung von Brontornis
von Stanton F. Fink bei „Wikipedia"

Brontornis attackiert einen Entenschnabel-Dinosaurier.
Überholte Darstellung von zwei Urzeittieren,
die in Wirklichkeit zu unterschiedlichen Zeiten existierte.
Zwischen 1902 und 1906 geschaffenes Lebensbild von F. John

Foto auf Seite 13:

Büste von Perito Moreno (1852–1919)
im „Parque Nacional Los Glaciares"
in El Calafate (Argentinien)

Unterschenkelknochen
(Tibiotarsus)
von Brontornis burmeisteri
im „Museum Histoire
Naturelle" in Paris

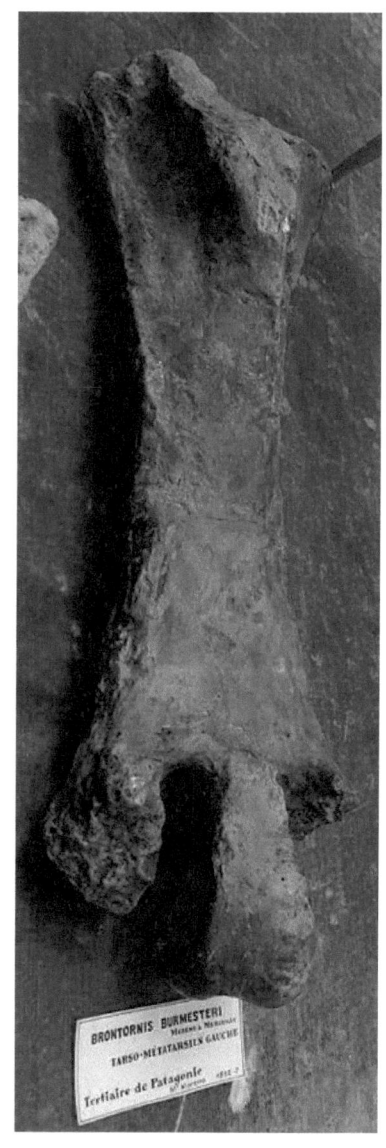

Elefantenvogels *Aepyornis maximus* und des maximal 2,80 Meter hohen Donnervogels *Dromornis stirtoni*. *Brontornis* besaß einen mächtigen Schnabel, einen schweren Körperbau, stark zurückgebildete Flügel und kurze Beine. Das Laufbein erreichte eine Länge bis zu 40 Zentimetern, der Unterschenkelknochen mit bis zu 75 Zentimetern fast die doppelte Länge. Die Krallen von *Brontornis* entsprachen denjenigen des maximal 2 Meter hohen Laufvogels *Gastornis*, der vom Mittelpaläozän vor 62 Millionen Jahren bis zum Mitteleozän vor 41 Millionen Jahren in Europa und Nordamerika existierte. *Gastornis* wurde früher als räuberischer Fleischfresser betrachtet, heute gilt er eher als Pflanzenfresser.

Einige *der Brontornis* zugeschriebenen Funde weisen deutliche Größenunterschiede auf. Beim Laufbein beispielsweise betragen diese bis zu einem Drittel. Wegen des spärlichen Fundmaterials ist unklar, ob es sich Größenunterschiede zwischen Männchen und Weibchen oder um zwei verschiedene Arten handelt.

Als ein Synonym von *Brontornis burmeisteri* gilt die 1895 von Florentino Ameghino aufgestellt Art *Brontornis platyonyx*. Ein weiteres Synonym ist *Rostroornis floweri*.

Die Ansicht über die systematische Stellung von *Brontornis* hat sich im Laufe der Zeit gewandelt. Man ordnete ihn zunächst den räuberischen Terrorvögeln (Phorusrhacidae) und später nahe der Basis der stammesgeschichtlichen Entwicklung der Gänsevögel (Anseriformes) zu. Die Ordnung der Anseriformes wurde 1881 erstmals durch den deutschen Zoologen und Herpetologen Johann Georg Wagler (1800–1832) wissenschaftlich beschrieben. Sie umfasst unter anderem die als Gänse, Enten und Schwäne bezeichneten Vögel. Gänsevögel gelten als eine der bedeutendsten Vogelgruppen in den Feuchtgebieten der Erde.

Noch etwas größer als *Brontornis burmeisteri* dürfte ein Vogel gewesen, von dem ein etwa 14 Millionen Jahre alter riesiger Schädel nahe der Stadt Comalle in Argentinien entdeckt wurde. Die amerikanischen Paläontologen Luis Chiappe und Sara Bertelli berichteten 2006 in der wissenschaftlichen Zeitschrift „Nature", dieser Schädelfund sei knapp

*Deutscher Zoologe und Herpetologe
Johann Georg Wagler (1800–1832)*

72 Zentimeter lang und damit etwa so groß wie der Kopf eines heutigen Pferdes. Damit sei der Neufund der größte jemals geborgene Vogelschädel. Besonders auffällig war der langgezogene, gebogene Schnabel, der mehr als die Hälfte der Länge des gesamten Schädels erreichte. Chiappe und Bertelli schätzten, der Riesenvogel mit diesem Rekordschädel sei etwa um 10 Prozent größer als *Brontornis burmeisteri* gewesen.

Der Schädel des Neufundes unterschied sich merklich von demjenigen kleiner Terrorvögel. Denn der Schnabel ist im Verhältnis zum Schädels sehr viel länger und flacher als bei kleinen Gattungen der Terrorvögel in Südamerika. Eigentümlicherweise sind die Augenhöhlen nicht rund, sondern viereckig. Die schmale Form des neuentdeckten Schädels und ein auffällig schlanker Mittelfußknochen deuten nach Ansicht von Chiappe und Bertelli darauf hin, dass solche Riesenvögel viel agiler und wendiger waren, als man bisher dachte. Deswegen müsse man die traditionelle Sichtweise, ein größerer Körperbau sei automatisch mit verminderter Wendigkeit verbunden, noch einmal überdenken.

Literatur

AGNOLIN, Frederico L.: *Brontornis burmeisteri* Moreno & Mercerat, un Anseriformes (Aves) gigante del Mioceno Medio de Patagonia, Argentina. Revista del Museo Argentino de Ciencias Naturales, Nueva Serie 9, S. 15–25, Buenos Aires 2007

ALVARENGA, Herculano M. F. / HÖFLING, Elizabeth: Systematic revision of the Phorusrhacidae (Aves: Ralliformes). Papéis Avulsos de Zoologia, 43(4): S. 55–91, Sao Paulo 2003

LEHNEN-BEYEL, Ilka: Neuer Rekord für die Terrorvögel, Bild der Wissenschaft, 26. Oktober 2006

MORENO, Perito / MERCERAT, Alcides: Catalogue des Oiseaux Fossiles de la Republique Argentine conserves au Musee de la Plata. Anales del Museo de la Plata 1: S. 1–71, La Plata 1891

WIKIPEDIA (Ondine-Lexikon) *Brontornis*
http://de.wikipedia.org/wiki/Brontornis
WIKIPEDIA (Online-Lexikon) Johann Georg Wagler
http://de.wikipedia.org/wiki/Johann_Georg_Wagler

Bildquellen

Ausschnitt aus einer Zeichnung von Apokryltaros at en.wikipedia /
Stanton F. Fink / CC-BY3.0: 1 (via Wikimedia Commons), lizensiert
unter CreativeCommons-Lizenz by-sa-3.0-de,
http://creativecommons.org/licenses/by/3.0/legalcode
Sablegsd / CC-BY-SA3.0: 4 (via Wikimedia Commons), lizensiert
unter CreativeCommons-Lizenz by-sa-3.0-en, http://
creativecommons.org/licenses/by-sa/3.0/legalcode
Reproduktion eines Fotos des „Museum Juan B. Ambrosetti" in
Buenos Aires vor 1919: 6
Reproduktion eines Fotos eines unbekannten Fotografen vor 1892: 8
(via Wikimedia Commons), Lizenz: gemeinfrei (Public domain)
Sablegsd / CC-BY-SA3.0: 10 (via Wikimedia Commons), lizensiert
unter CreativeCommons-Lizenz by-sa-3.0-en,
http://creativecommons.org/licenses/by-sa/3.0/legalcode
Apokryltaros at en.wikipedia / Stanton F. Fink / CC-BY3.0: 11
(via Wikimedia Commons), lizensiert unter CreativeCommons-
Lizenz by-3.0-de, http://creativecommons.org/licenses/by/3.0/
legalcode
Reproduktion eines Lebensbildes aus der Serie „Tiere der Urwelt"
(1902) von F. John / http://www.copyrightexpired.com/earlyimage/
fjohn/series1/F_John_Series_1_Brontornis_card_16.html: 12 (via
Wikimedia Commons), Lizenz: gemeinfrei (Public domain)
Mr. Tickle / CC-BY-SA3.0: 13 (via Wikimedia Commons),
lizensiert unter CreativeCommons-Lizenz by-sa-3.0-en,

*Argentinischer Naturforscher, Zoologe, Paläontologe, Geologe
und Anthropologe Florentino Ameghino (1854–1911)*

Der riesige Terrorvogel

Phorusrhacos

Argentinien war im Mittelmiozän vor 15,9 bis 11,6 Millionen Jahren die Heimat des räuberischen Terrorvogels *Phorusrhacos longissimus.* Dieser imposante Vogel erreichte eine Höhe bis zu 2,50 Metern und ein Lebendgewicht von schätzungsweise maximal 300 Kilogramm. Mit seinen zurückgebildeten Flügeln konnte er nicht fliegen. Auf seinen bis zu 1,80 Meter langen Beinen, die an den Füßen mit starken Krallen endeten, soll er schnell gelaufen sein.

Die erste wissenschaftliche Beschreibung von *Phorusrhacos longissimus* erfolgte 1887 durch den argentinischen Naturforscher, Zoologen, Paläontologen, Geologen und Anthropologen Florentino Ameghino (1854–1911). Ihm hatte dabei ein fossiler Unterkiefer aus der argentinischen Provinz Santa Cruz vorgelegen, den er zunächst irrtümlich einem zahnlosen Säugetier zuschrieb. Zwei Jahre später änderte Ameghino den Gattungsnamen *Phorusrhacos* in *Phororhacos* ab. Doch ersterer Begriff hatte Vorrang.

1891 erkannten der argentinische Geograph, Anthropologe und Entdecker Perito Moreno (1852–1919), eigentlich Francisco Pascasio Moreno, und der französische Geologe Alcides Mercerat (gestorben 1934), dass der von Ameghino beschriebene Kieferrest von einem großen Vogel stammte. Die Beiden verkannten den Unterkiefer als Oberkiefer.

Moreno und Mercerat beschrieben 1891 in ihrem Werk „Catálogo de los Pájaros Fósiles de la República Argentinia conservados en el Museo de La Plata" etliche Fossilien riesiger Vögel aus dem „La Plata-Museum". Sie rechneten diese Funde der Ordnung Stereornithes und der Familie Stereornithidae zu. Dazu sollte auch *Phorosrhacos* gehören. Ameghino wiederum beschrieb 1891 andere Fossilien als *Phorusrhacos* und ordnete sie nun einem Vogel zu. Zwischen Moreno und Mercerat einerseits sowie Ameghino andererseits begann nun ein lang anhaltender Streit um den frühesten Zeitpunkt der Veröffentlichung von ihnen vorge-schlagener Begriffe. Offenbar hatten Moreno und Mercerat ihren „Catálogo" am 15. April 1891 abgeschlossen und dieser war Mitte Mai 1891 erstmals erschienen. Eines der Werke von Ameghino war am 1. Juni 1891 vollendet und wurde am 11. August 1891 publiziert. Ein weiteres Werk von Ameghino ging im Dezember 1891 in Druck.

Florentino Ameghino studierte als Autodidakt die Gebiete der südlichen Pampa. Dabei trug er die größte Fossiliensammlung der damaligen Zeit zusammen. Diese Sammlung leistete ihm bei seinen bedeutenden geologischen und paläontologischen Studien wichtige Dienste. Außerdem erforschte er den im argentinischen Chelles gefundenen prähistorischen Menschen. Er war ein Schüler des deutschen Naturwissenschaftlers Carlos Germán Burmeister (1807–1892), der ab 1862 als Direktor des „Museo Argentino de Ciencas Naturales Bernardino Rivadavia" in Buenos Aires fungierte.

Ameghino wurde Professor für Zoologie an der „Universität Cordoba" in Argentinien, Direktor einer Abteilung am „Museo de La Plata", das als eines der größten paläontologischen, zoologischen und archäologischen Museen in Südamerika gilt, sowie 1902 Direktor des „Nationalmuseums der Naturwissenschaften" in Buenos Aires. Zu Ehren von Ameghino hat man in Oberá das Naturwissenschaftliche Museum, in Chubut einen Staudamm, im Nordwesten der Provinz Buenos Aires eine Stadt und auf dem Mond einen Krater nach ihm benannt.

Phorusrhacos longissimus gehört zur Familie der Phorusrhacidae (Terrorvögel), die 1889 erstmals von Ameghino beschrieben wurde. Phorusracidae existierten vom Oberen Paläozän vor 58,7 Millionen Jahren bis zum Oberen Pleistozän (Oberes Eiszeitalter) vor 18.000 Jahren. Sie sind vor allem durch Funde aus Südamerika und nur zu einem geringen Teil aus Nordamerika (Florida, Texas) nachge-wiesen. Merkmale der Phorusrhacidae sind ein hoher, an fleischliche Nahrung angepasster Schnabel, ein langer Hals, ein kräftiger Rumpf, Stummelflügel und lange, muskulöse Hinterbeine. Je nach Art waren die

Phorusrhacidae einen bis drei Meter hoch und wogen 45 bis 350 Kilogramm. Ihre Stummelflügel eigneten sich bei den meisten Arten nur noch dazu, beim Laufen das Gleichgewicht zu halten.

Ein folgenreiches geologisches Ereignis fand im Pliozän vor etwa 4,5 Millionen Jahren statt. Bei der Kollission zweier Platten der Erdkruste wurde die Pazifische Platte allmählich unter die Karibische Platte gedrückt. Dabei entstand eine Landbrücke (Isthmus von Panama) zwischen Nordamerika und Südamerika, über die Tiere hin und her wandern konnten. Auf diese Weise konnten sich auch die Terrorvögel von Südamerika nach Nordamerika ausbreiten. Als geologisch jüngster Fossilfund galt lange Zeit der bis zu 2,50 Meter hohe und maximal 150 Kilogramm schwere Terrorvogel *Titanis walleri,* der sich bis zum Eiszeitalter vor 1,5 Millionen Jahren in Nordflorida behauptete. Doch 2010 machte eine Forschergruppe um Herculano Alvarenga neue Terrorvogel-Reste aus Uruguay bekannt, die nur ein Alter von etwa 17.620 Jahren haben.

Die Terrorvögel spielten in Südamerika gemeinsam mit den fleischfressenden Beutelsäugern (Beutelhyänen) der Ordnung Sparassodonta und Krokodilen der nach dem ägyptischen Gott Sebek benannten Familie Sebecidae die Rolle der dort fehlenden Raubtiere (Carnivora). Anders als die eher langsamen, fleischfressenden Beutelsäuger und Krokodile spezialisierten sich die Terrorvögel auf schnelle Beutetiere in den ab dem Oligozän vor 27 Millionen Jahren zunehmend offener werdenden Trockenwäldern und Savannen von Südamerika. Gleichzeitig setzte ihr Riesenwuchs ein. Gegen Ende des Miozän vor mehr als fünf Millionen Jahren hatten die Terrorvögel die räuberischen Beutelsäuger völlig aus den Savannen verdrängt.

Im Miozän vor etwa 23 bis 5,3 Millionen Jahren gab es in Patagonien (Argentinien) eine exotische Tierwelt. Zu dieser gehörten außer imposanten Terrorvögeln auch bis zu 3,30 Meter lange und 2 Tonnen schwere Riesengürteltiere (*Glyptodon*) und jaguargroße Beuteltiere (*Thylacosmilus)* mit säbelähnlichen Reißzähnen.

Terrorvogel Phorusrhacos longissimus.
Zeichnerische Rekonstruktion
von User „Ornitholestes" bei „Wikipedia"

Große Terrorvögel konnten durch Tritte ihrer kräftigen Beine ihre Beutetiere bis zur Größe einer Antilope töten. Eine weitere tödliche Waffe war der große, meistens hakenförmig gebogene Schnabel. Es existierten aber auch plump gebaute und langsame Terrorvögel, die sich vermutlich von Aas ernährten. Gegen Ende des Pliozän vor mehr als fünf Millionen Jahren starben die Terrorvögel in Südamerika aus. Vielleicht waren sie den neu einwandernden Säbelzahnkatzen und Hunden nicht gewachsen.

Bereits kurz nach ihrer Entdeckung wurden die mutmaßlich fleischfressenden Terrorvögel als Greifvögel betrachtet. Doch schon 1899 wies der britische Wirbeltierpaläontologe Charles W. Andrews (1866–1924) aus London nach, dass es sich um Verwandte der heute noch in südamerikanischen Savannen lebenden Seriemas (Cariamidae) handelt. Die Rotfußseriema aus der Gegenwart erreicht eine Körperlänge bis zu 90 Zentimetern, die Schwarzfußseriema maximal 85 Zentimeter. Seriemas sind langhalsige und hochbeinige Bodenbewohner sowie schnelle Läufer, die eine Geschwindigkeit bis zu 70 Stundenkilometer erreichen können. Sie fressen vor allem Insekten wie Heuschrecken und Käfer.

Als weitere nahe Verwandte der Terrorvögel gelten die ausgestorbenen Familien Bathornithidae aus Nordamerika und die Idiornithidae aus Europa. Diese beiden Gruppen lebten vom Eozän bis zum frühen Oligozän.

Die brasilianischen Wissenschaftler Herculano M. F. Alvarenga und Elizabeth Höfling unterteilten 2003 die Familie Phorusrhacidae in fünf Unterfamilien (Physornithinae, Phorusrhacinae, Patagornithinae, Psilopterinae, Mesembriornithinae), 14 Gattungen und 18 Arten ein. Der Arzt, Ornithologe und Paläontologe Alvarenga hat bereits als Jugendlicher Vögel beobachtet und präpariert. Er ist Gründer und Direktor des „Museums für Naturgeschichte" in Taubaté, die vor allem aus seiner eigenen Sammlung besteht, die er 2002 stiftete und rund 1.500 Exemplare von etwa 500 ausgestorbenen Arten vor allem aus dem Bundesstaat Sao Paulo umfasst.

*Lebensbild des Terrorvogels Paraphysornis
von Nobu Tamura, http://spinops.blogspot.com*

Zur Unterfamilie Physornithinae gehören zwei große bis sehr große Gattungen mit großen Schnäbeln, schwerem Körperbau und kurzen Beinen. Fossile Reste dieser Unterfamilie stammen aus dem Oberoligozän vor 27 Millionen Jahren bis zum Untermiozän vor 17 Millionen Jahren. Bekannt sind die Gattungen *Paraphysornis* von Sao Paulo in Brasilien und *Physornis* von Santa Cruz in Argentinien. *Paraphysornis* existierte vom Oberoligozän bis zum Untermiozän. Die erste wissenschaftliche Beschreibung der vor etwa 23 Millionen Jahren lebenden Art *Paraphysornis brasiliensis* erfolgte 1982 durch Herculano M. F. Alvarenga. Dieser Terrorvogel war etwa 2,20 Meter hoch und erreichte ein Lebendgewicht von schätzungsweise 200 Kilogramm. Alvarenga entdeckte 1977 die fossilen Reste dieses Vogels, als er während eines Streiks an seiner Universität viel freie Zeit hatte, in einer Tongrube nahe seines Geburtsortes Taubaté. Die Knochen kamen in Ablagerungen eines ehemaligen Sees zum Vorschein. *Physornis* trat vom Mittleren bis Oberen Oligozän vor etwa 28 bis 23 Millionen Jahren in Santa Cruz (Argentinien) auf.

Zur Unterfamilie Phorusrhacinae rechnet man vier mittelgroße bis sehr große Gattungen mit einer Höhe von 2 bis mehr als 3 Metern vom Oberen Oligozän vor etwa 27 Millionen Jahren bis zum Pliozän vor rund 3 Millionen Jahren. Dabei handelte es sich um schnelle Beutegreifer. Dazu zählen die Gattungen *Devincenzia* (Oberes Miozän bis Unteres Pliozän in Nordostargentinien und Uruguay), *Kelenken* (Mittleres Miozän von Rio Negro in Argentinien), *Phorusrhacos* (Unteres bis Mittleres Miozän in Südamerika) und *Titanis* (Pliozän bis Altpleistozän). Der 2007 von Sara Bertelli, Louis M. Chiappe und Claudia Tambussi erstmals beschriebene *Kelenken* gilt mit einer Höhe von mehr als 3 Metern als der größte ausgestorbene Terrorvogel. Die einzige bekannte Art *Kelenken guillermoi* ist nach dem furchterregenden Geist „kelenken" des Tehuelche-Stammes in Patagonien und dem Entdecker der Fossilien, Guillermo Aguire-Zabala, benannt. Bis zu 2,50 Meter hoch und maximal 250 Kilogramm schwer war der 1931 durch den argentinischen Paläontologen Lucas Kraglievich (1886–1932)

Lebensbild des Terrorvogels Kelenken
von User „Funk Monk" bei „Wikipedia"

beschriebene *Devincenzia*. Der Terrorvogel *Devincenzia pozzi* hatte einen 65 Zentimeter langen Schädel und *Phorusrhacos longissimus* einen 60 Zentimeter langen Schädel. Der 1963 durch den amerikanischen Paläontologen Pierre Brodkorb (1908–1992) beschriebene *Titanis* existierte vom Pliozän vor 5,3 Millionen Jahren bis zum Eiszeitalter vor 1,5 Millionen Jahren in Nordamerika (Florida und Texas). Er erreichte eine Höhe bis zu 2,50 Meter Höhe und ein Lebendgewicht bis zu schätzungsweise 150 Kilogramm. Experten glauben, dass *Titanis* ein aktiver Räuber war und eine Höchstgeschwindigkeit von 65 Stundenkilometern erreichte.

Zur Unterfamilie Patagornithinae stellt man drei mittelgroße Gattungen bis zu 1,50 Metern: *Patagornis* (Unteres bis Mittleres Miozän von Santa Cruz in Argentinien), *Andrewsornis* (Mittleres bis Oberes Oligozän in Südargentinien) und *Andalgalornis* (Oberes Miozän bis Unteres Pliozän). *Patagornis* („Vogel von Patagonien") wurde 1891 durch Perito Moreno und Alcides Mercerat beschrieben. Die Art *Patagornis marshi* gilt als wendiger Sprinter, der ähnlich flink und schnell wie ein Gepard ein Beutetier zur Strecke brachte. Die Erstbeschreibung von *Andrewsornis* erfolgte 1941 durch den amerikanischen Paläontologen Bryan Patterson (1909–1979), diejenige von *Andalgornis* 1960 durch Bryan Patterson und Lucas Kraglievich.

Zur Unterfamilie Psilopterinae ordnet man drei kleine Gattungen, die vom Paläozän vor etwa 63 Millionen Jahren bis zum Pliozän vor rund 3 Millionen Jahren existierten. Die Gattungen *Psilopterus* (Mittleres Oligozän bis Oberes Miozän in Süd- und Ostargentinien), *Procariama* (Oberes Miozän bis Unteres Pliozän von Catamarca in Argentinien) und *Palaeopsilopterus* (Mittleres Paläozän von Itaboraí in Brasilien) könnten möglicherweise einen Rest von Flugfähigkeit bewahrt haben. *Psilopterus* wurde 1891 durch Perito Moreno und Alices Mercerat beschrieben. *Psilopterus lemoinei* gilt als der kleinste bekannte Terrorvogel. Er war ähnlich groß wie eine Harpye *(Harpya harpyja)* mit einer Körperlänge bis zu 1 Meter und einer Flügelspannweite bis zu 2 Metern sowie etwa 8 Kilogramm schwer. *Procariama* wurde 1914

*Lebensbild
des Terrorvogels
Titanis walleri
von Dmitry
Bogdanov
bei „Wikipedia"*

durch den argentinischen Geologen und Paläontologen Cayetano
Rovereto (1870–1952) beschrieben. Erstbeschreiber von *Palaeo-
psilopterus* waren 2003 Herculano M. F. Alvarenga und Elizabeth
Höfling.
Die Unterfamilie Mesembriornithinae umfasst die Gattung *Mesembriornis*, die sich vom Oberen Miozän bis zum Oberen Pliozän behauptete. *Mesembriornis* wurde 1889 von Perito Moreno beschrieben.
Zur Gattung *Mesembriornis* gehören zwei ungefähr 1 bis 1,50 Meter
hohe Arten namens *Mesembriornis inceratus* und *Mesembriornis
milneedwardsi*.
Für flugunfähige Räuber wie die Terrorvögel ist bei der Jagd auf
Beutetiere eine hohe Laufgeschwindigkeit wichtig. Um herauszufinden,
wie schnell diese Tiere maximal laufen konnten, entwickelten die an
der Universität in Montevideo (Uruguay) arbeitenden Wissenschaftler
Ernesto Blanco und Washington Jones ein Modell, in das unter anderem
das Längenverhältnis von Oberschenkel, Unterschenkel und Fuß sowie
das Gewicht der Vögel einflossen. Auf diese Weise berechneten die
beiden Forscher exemplarisch die Laufgeschwindigkeiten für drei Arten
der Terrorvögel. Die Zuverlässigkeit ihrer Berechnung überprüften sie
anhand von drei heute lebenden Laufvögeln, nämlich dem Nandu, dem
Strauß und dem Emu.
Die von Blanco und Jones erzielten Ergebnisse überraschten. Selbst
Terrorvögel mit einem Lebendgewicht von schätzungsweise 350
Kilogramm konnten Spitzengeschwindigkeiten bis zu 65 Stundenkilometern erreichen. Damit waren jene urzeitlichen Raubvögel etwa
so schnell wie Laufvögel der Gegenwart, die bis zu 65 Stundenkilometer
schaffen. Bei einer der untersuchten urzeitlichen Vogelgattungen waren
die Knochen extrem überdimensioniert und stabil. Damit konnte dieser
Vogel durch einen Tritt einen Knochen zerbrechen.
Wie der bis zu 1,40 Meter große Terrorvogel *Andalgalornis steulleti*
im Obermiozän vor etwa 6 Millionen Jahren in Südamerika jagte, haben
der argentinische Forscher Federico Degrange von der Unversität La
Plata und andere Wissenschaftler 2010 im Fachjournal „PloS One"

*Lebensbild des Terrorvogels Andalgalornis
von „John Conway" bei „Wikipedia"*

geschildert. Demnach attackierte dieser Vogel ein Beutetier so, wie ein heutiger Boxer auf seinen Gegner losgeht. *Andalgalornis* verbiss sich nicht in sein Opfer und schüttelte es, wie es heutige Raubvögel praktizieren. Denn dabei hätte durch seitliche Bewegungen des sich wehrenden Beutetieres leicht der lange Schnabel des mittelgroßen Terrorvogels brechen können. Stattdessen setzte *Andalgalornis* seinen Kopf und seinen Schnabel wie eine Axt ein und startete damit wiederholt kurze Angriffe.

Von der Schnabelspitze bis zum Hals erreichte der Kopf von *Andalgalornis* eine Länge bis zu 37 Zentimetern. Davon entfielen rund zwei Drittel – also fast 25 Zentimeter – auf den Schnabel. Mit Hilfe der Computertomographie fanden die Wissenschaftler heraus, dass der Schädel von *Andalgalornis* merklich fester war als bei Vögeln sonst üblich. Die einzelnen Knochenteile, die bei den meisten heutigen Vögeln mit flexiblem, stoßdämpferartigem Gewebe verbunden sind, waren bei *Andalgarornis* durch feste, knochige Strukturen verknüpft. Der Schädel hielt vor allem Zug- und Stoßkräfte in Längsrichtung und von oben nach unten aus. Bei seitlich auf ihn einwirkenden Kräften hatte er erhebliche Schwächen.

Literatur

ALVARENGA, Herculano M.F. / HÖFLING, Elizabeth: Systematic revision of the Phorusrhacidae (Aves: Ralliformes). Papéis Avulsos de Zoologia, 43(4): S. 55–91, Sao Paulo 2003

ALVARENGA, Herculano M.F. / JONES, Washington / RINDERKNECHT, Andrés: The youngest record of phorusrhacid birds (Aves, Phorusrhacidae) from the late Pleistocene of Uruguay. Neues Jahrbuch für Geologie und Paläontologie Abhandlungen, 256/2: S. 229–234, Stuttgart 2010

AMEGHINO, Fiorentino: Enumeración sistemática de las espécies de mamíferos fósiles coleccionados por Carlos Ameghino en los terrenos

Eocenos de la Patagonia austral y depositados en el Museo de La Plata. Boletim Museo La Plata, 1: S. 1–26, La Plata 1887

AMEGHINO, Fiorentino: Contribuición al conocimiento de los mamíferos fósiles de la República Argentina. Actas Academia Nacional Ciencias de Cordoba, 6: S. 1–1028, Cordoba 1889

AMEGHINO, Fiorentino: Mamíferos y aves fósiles Argentinos: espécies nuevas: adiciones y correciones. Revista Argentina Historia Natural, 1: S. 240–259, Buenos Aires 1891

AMEGHINO, Fiorentino: Enumeración de las aves fósiles de la República Argentina. Revista Argentina Historia Natural, 1: S. 441–453, Buenos Aires 1891

BRODKORB, Pierce: A giant flightless bird from the Pleistocene of Florida. Auk 80 (2), S. 111–115, Berkeley 1963

COX, Barry / DIXON, Dougal / GARDINER, Brian / SAVAGE, R. J. G.: Phorusrhacus inflatus. In: Dinosaurier und andere Tiere der Vorzeit, S. 181, München 1989

LINGENHÖHL, Daniel: Paläornithologie. Die Schrecken der Pampa. Spektrum der Wissenschaft, 26. Oktober 2006

MORENO, Francisco Pascasio: Breve reseña de los progresos del Museo La Plata, durante el segundo semestre de 1888. Boletin del Museo La Plata, 3: S. 1–44, La Plata 1889

MORENO, Francisco Pascasio / MERCERAT, Alicides: Catálogo de los pájaros fósiles de la República Argentina conservados en el Museo de La Plata. Anales del Museo de La Plata, 1: S. 7–71, La Plata 1891

SPIEGEL-ONLINE: So jagten die tödlichsten Räuber Südamerikas, 19. August 2010
http://www.spiegel.de/wissenschaft/natur/terrorvoegel-so-jagten-die-toedlichsten-raeuber-suedamerikas-a-712561.html

WIKIPEDIA (Online-Lexikon) Phorusrhacos
http://de.wikipedia.org/wiki/Phorusrhacos

WIKIPEDIA (Online-Lexikon) Titanis
http://de.wikipedia.org/wiki/Titanis

Bildquellen

Greifvogel Argentavis magnificens im Flug,
Lebensbild von Stanton F. Fink bei „Wikipedia"

Der größte fliegende Vogel

Argentavis

Wie ein riesiger Geier sah der größte flugfähige Vogel *Argentavis magnificens* aus, der im Obermiozän vor etwa 8 bis 5 Millionen Jahren in Argentinien existierte. Dieser Greifvogel erreichte eine Flügelspannweite bis zu 8 Metern, eine Körperlänge von 1,25 Metern und ein Lebendgewicht von schätzungsweise maximal 80 Kilogramm. Ausgestreckt brachte es *Argentavis* von der Schnabelspitze bis zur Fußspitze auf 3,30 Meter Länge. Flugfedern dieses Giganten der Lüfte waren ungefähr 1,50 Meter lang und 20 Zentimeter breit. Im Stehen hatte der riesenhafte Vogel eine Höhe von ungefähr 1,50 Metern.

Von den Vögeln aus der Gegenwart besitzt der fast 1,20 Meter lange Wanderalbatross *(Diomedea exolans)* mit bis zu 3,50 Metern die größte Flügelspannweite. Es folgen der heutige Andenkondor *(Vultur gryphus)* mit mehr als 3 Metern Flügelspannweite und der jetzige Kalifornische Kondor *(Gymogyps californianus)* mit bis zu 3 Metern Flügelspannweite. Die gegenwärtig schwersten flugfähigen Vögel haben ein Gewicht bis zu 19 Kilogramm.

1979 entdeckten die Paläontologen Rosendo Pascual und Eduardo P. Tonni bei Salinas Grandes de Hidalgo in der argentinischen Provinz La Pampa fossile Reste eines riesenhaften Vogels. Die beiden am „La Plata-Museum" in La Plata tätigen Ausgräber bargen an der etwa 160 Kilometer westlich von Buenos Aires entfernten Fundstelle fragmentarisch erhaltene Knochen vom Schädel, von den Flügeln und Beinen.

Im Sommer 1979 nahm der amerikanische Paläornithologe Kenneth E. Campbell junior zusammen mit den Forschern David Frailey aus Kansas und Lidia Lustig aus Argentinien an einer von der „National Geographic Society" gesponserten Expedition im Dschungel des östlichen Peru teil. Dabei barg man zahlreiche Fossilien von

Amerikanischer Paläornithologe
Kenneth E. Campbell junior,
Zeichnung von Antje Püpke, Berlin, www.fixebilder.de

Wirbeltieren, die man mit Funden, die im argentinischen „La Plata-Museum" aufbewahrt sind, vergleichen wollte. Bei seinem Besuch in diesem Museum zeigte man Campbell die Knochenreste des riesigen Vogels. Außerdem wurde vereinbart, dass diese Fossilien im „Natural History Museum" in Los Angeles (Kalifornien) untersucht und mit Resten großer eiszeitlicher Vögel aus den Teergruben von Rancho La Brea verglichen werden sollten.

Die wissenschaftliche Erstbeschreibung von *Argentavis magnificens* („Großartiger argentinischer Vogel") erfolgte 1980 durch Kenneth E. Campbell junior und Eduardo P. Tonni in dem Buch „Papers in Avian Paleontology Honoring Hildegard Howard". Der Gattungsname *Argentavis* beruht auf dem Fundland Argentinien, der treffende Artname *magnificens* bedeutet großartig.

Von der Schnabelspitze bis zum Hals war der Kopf von *Argentavis* etwa 45 Zentimeter lang. Sein gekrümmter Schnabel ähnelte demjenigen von heutigen Greifvögeln. Mit rund 28 Zentimetern Länge war der Schnabel ungefähr vier Mal so groß wie bei den größten gegenwärtigen Greifvögeln. Der fragmentarisch erhaltene erste Flügelknochen erreichte mit 55 Zentimetern fast die Länge eines kompletten menschlichen Arms. Mit ihm verbunden war ein nahezu 90 Zentimeter langer weiterer Flügelknochen. Zum Vergleich: Der erste Flügelknochen eines einen Meter hohen und 25 Kilogramm schweren männlichen amerikanischen Truthuhns *(Meleagris gallopavo)* ist bis zu 15 Zentimeter lang. Die Beine von *Argentavis* waren kräftig und die Füße groß.

Im „Natural History Museum" in Los Angeles fertigte man eine eindrucksvolle Silhouette von *Argentavis magnificens* an. Ein Foto davon – mit Kenneth E. Campbell junior rechts daneben stehend – veranschaulicht die unglaublichen Dimensionen des gigantischen Greifvogels. Diese Aufnahme erschien in Zeitungen und Zeitschriften, erregte weltweit Aufsehen und ist heute im Internet zu bewundern.

Auf rund 8 Quadratmeter wird die gesamte Flügelfläche von *Argentavis* geschätzt. Nach einer Faustregel ist eine Flächenbelastung der Flügel von 25 Kilogramm pro Quadratmeter die Obergrenze für den Vogelflug. Die schwersten heutigen Vögel erreichen eine Flächenbelastung der Flügel von 21 Kilogramm je Quadratmeter. Zu den schwersten und schlechtesten Flugvögeln der Gegenwart gehören die bis zu 16 Kilogramm schwere Großtrappe *(Otis tarda)*, die bis zu 19 Kilogramm schwere Riesentrappe *(Ardeotis kori)* und der bis zu 14 Kilogramm schwere Höckerschwan *(Cygnus olor)*. Ähnlich hoch *wie Argentavis* ist der jetzige Sarus-Kranich *(Grus antigone)* aus Südostasien.

Ein Vogel mit einer Flügelspannweite bis zu 8 Metern, die derjenigen eines Leichtflugzeugs entspricht, war nicht mehr zum Ruderflug in der Lage. Größe und Struktur der Flügel deuten darauf hin, *Argentavis* sei wie jetzige Geier ein Segelflieger gewesen. Offenbar hat er nur selten aktiv Flügelschläge eingesetzt. Man vermutet, die Entstehung dieses Riesenvogels sei durch die beständigen und sehr starken Westwinde im südlichen Südamerika ermöglicht worden. Diese hätten das Aufliegen und den Flug mit sehr geringem Energieaufwand ermöglicht.

Wenn er zu einer Luftreise starten wollte, warf sich der riesige *Argentavis magnificens* von einem höher gelegenen Standort in den Gegenwind und nutzte dann thermische Aufwinde aus. Für ein Abheben vom Boden fehlte dem Greifvogel vermutlich die Kraft, weil er an den Flügeln nur wenige Muskeln besaß.

Der indisch-amerikanische Paläontologe und Geologe Sankar Chatterjee an der „Texas Tech University" in Lubbock sowie andere Wissenschaftler haben 2010 durch Hubschrauber-Simulationen und Vergleiche mit der Muskelleistung heutiger Vögel das Rätsel des Flugverhaltens von *Argentavis magnificens* gelöst. Über ihre Erkenntnisse berichteten die Forscher in der wissenschaftlichen Fachzeitschrift „Proceedings of the National Academy of Science".

Aerodynamik-Analysen ergaben, dass *Argentavis magnificens* eine Dauerleistung von 170 Watt für den Flügelschlag zur Verfügung hatte. Für einen Flug in konstanter Höhe benötigte er aber rund 600 Watt und somit mehr als das Dreifache. Der riesenhafte Greifvogel konnte die Kraft seines Flügelschlages nur kurzzeitig nutzen, um Höhe zu gewinnen oder um zumindest seine Flughöhe zu halten. Dann musste er thermische Ströme oder andere Aufwinde finden, um in der Luft bleiben zu können.

Wenn *Argentavis* erst einmal im Aufwind war, konnte er ohne einen Flügelschlag leicht bis zu zwei Meilen (etwa 3,2 Kilometer) hochsteigen und im freien Flug kreisen. Oben angekommen konnte *Argentavis* zur nächsten thermischen Schicht gleiten. Im Gleitflug war er fähig, bis zu 300 Kilometer zurückzulegen und erstaunlich hohe Geschwindigkeiten von mehr als 100 Stundenkilometern zu erreichen, berechneten die Forscher. Um abheben zu können, war der Riesenvogel auf Abhänge und günstige Winde angewiesen. Wie der jetzige Andenkondor nutzte *Argentavis* thermische Strömungen über den Anden und ihren Ausläufern, um aus der Luft nach Beutetieren zu spähen. Ein milder Fallwind und ein leichter Gegenwind mit einer Geschwindigkeit von fünf Metern pro Sekunde hätten *Argentavis* bereits gereicht.

Argentavis magnificens war vermutlich ein Aasfresser, der sich an Kadavern von pflanzenfressenden Säugetieren aus den Steppen und Savannen in Südamerika gütlich tat. Mit seinem Hakenschnabel konnte er Fleischstücke aus der zähen Körperdecke toter Tiere reißen. Angesichts seiner Startschwierigkeiten ist es kaum vorstellbar, dass sich dieser große und schwere Greifvogel zum Fressen auf dem Boden niederließ und nach dem Mahl wieder mit eigener Kraft in die Luft erhob.

1983 hatten die Paläornithoologen Kenneth E. Campbell junior und Eduardo P. Tonni die Theorie vertreten, *Argentavis* habe eher lebende Beute in Hasengröße gejagt und erlegt und sich nicht vor allem von Aas ernährt. Dies wurde jedoch 1966 von dem amerikanischen Ornithologen Alan Feduccia bestritten. Greifvögel, die sich von flinken kleineren Säugetieren ernähren, könnten sich nicht zu Riesenformen entwickeln, erklärte Feduccia. Denn eine solche Größe sei mit der für die Jagd auf solche Beutetiere notwendigen Agilität unvereinbar. Dies gelte besonders für den gigantischen *Argentavis magnificens*, der höchstwahrscheinlich nur dank starker Westwinde vom Boden abheben konnte. Zudem wäre der riesige Schnabel für den Verzehr von kleinen

Zeichnung auf Seite 43:

Riesiger Greifvogel Argentavis magnificens.
Dieser Gigant der Lüfte erreichte
von der Schnabelspitze bis zur Fußspitze
eine Länge von 3,30 Metern.
Seine Flügelspannweite betrug bis zu 8 Metern
und seine Körperlänge bis zu 1,25 Metern.
Sein Lebendgewicht wird auf maximal 80 Kilogramm geschätzt.
Im Stehen hatte der riesenhafte Vogel
eine Höhe von ungefähr 1,50 Metern.
Zeichnung: wpclipart / http://www.wpclipart.com

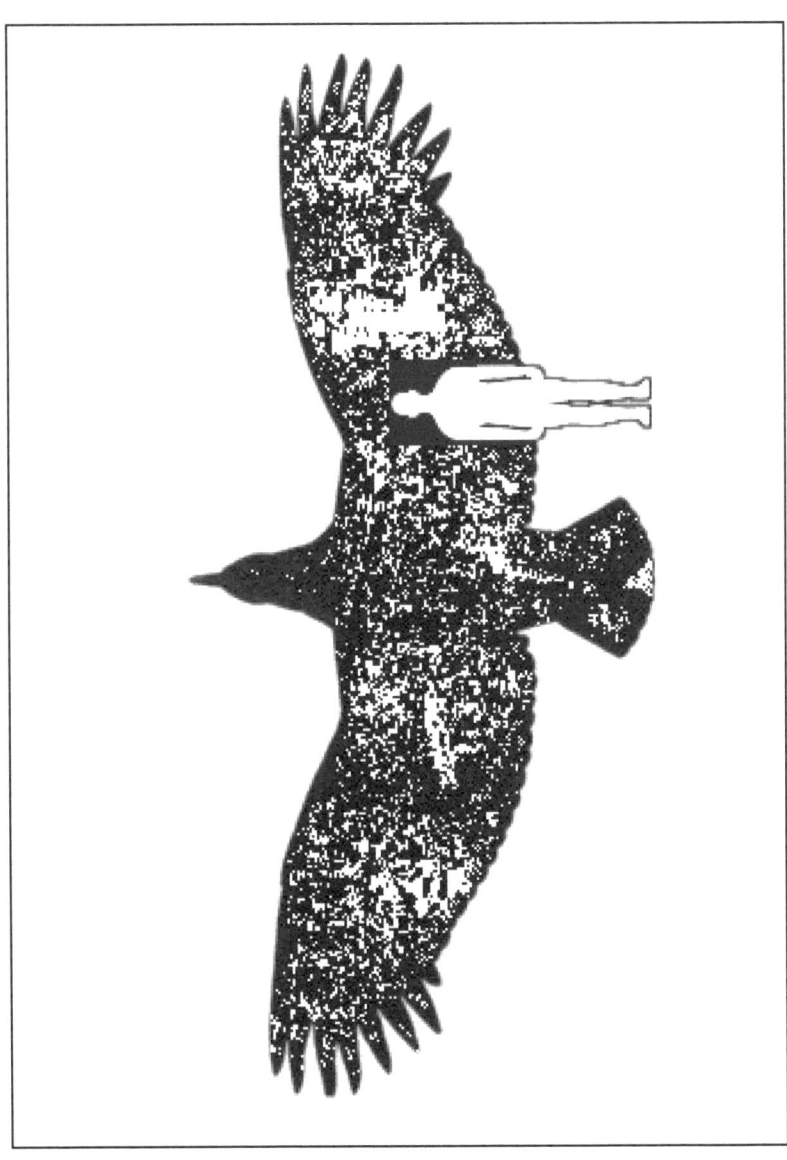

Greifvogel Teratornis merriami.
Lebensbild von Nobu Tamura, http://spinops.blogspot.com

Säugetieren unnötig groß. Dieser stelle aber eine gute Anpassung an die Nutzung großer Aasmengen in kurzer Zeit dar.

Nach Berechnungen der Paläontologen Paul Palmqvist in Malaga (Spanien) und Sergio F. Vizcaíno in La Plata (Argentinien) dürfte das Jagdrevier von *Argentavis magnificens* mehr als 540 Quadratkilometer groß gewesen sein. Die Bevölkerungsdichte dieser riesigen Greifvögel soll niedrig gewesen sein. Ein erwachsener Greifvogel dieser Art habe bei der Suche nach Beutetieren bis zu 2.168 Kilometer zurückliegen müssen. Bei einer Geschwindigkeit um 68 Stundenkilometer hätte er hierfür drei Tage lang jeweils 12 Stunden fliegen müssen. Nach dieser Schätzung hätte sich *Argentavis* eher wie ein Geier als ein Adler verhalten. Ein erwachsener *Argentavis* hätte täglich schätzungsweise 5 bis 10 Kilogramm Fleisch benötigt.

Vergleiche mit heute lebenden ähnlichen Vögeln legen nahe, dass *Argentavis* alle zwei Jahre ein Ei oder zwei Eier gelegt hat, aus denen nach dem Ausbrüten ein oder zwei Jungtiere schlüpften. Jedes dieser Eier wog schätzungsweise ein Kilogramm und war kleiner als ein jetziges Straußen-Ei. Nach etwa 16 Monaten soll der Nachwuchs unabhängig von seinen Vogeleltern gewesen sein, die bis dahin alle paar Tage tierische Nahrung herbeischaffen mussten. Erwachsen wurden diese Greifvögel vielleicht erst nach einem Dutzend Jahren. Weil er wohl keine Feinde hatte, dürfte *Argentavis* ein hohes Alter erreicht haben. Die Sterblichkeitsrate soll weniger als 2 Prozent betragen haben. Zum Tod führten Krankheiten, Unfälle oder ein hohes Alter. Möglicherweise wurden diese imposanten Greifvögel bis zu 100 Jahre alt.

Fossilien von *Argentavis magnificens* liegen bisher von drei Fundorten in Argentinien vor. Zwei Funde stammen aus der Andalhuala-Formation in Ausläufern der Anden nahe Catamarca in Valle de Santa Maria (Provinz Catamarca), ein Fund aus der Epecuén Formation von Carhué (Provinz Buenos Aires) und ein Fund aus Salinas Grandes de Hidalgo (Provinz La Pampa).

Das Aussterben von *Argentavis magnificens* dürfte von Änderungen des Klimas und des Nahrungsangebotes bewirkt worden sein. Solche

Amerikanische Paläornithologin Hildegarde Howard (1901–1998),
Zeichnung von Antje Püpke, Berlin, www.fixe.bilder.de

Änderungen wirkten sich vermutlich für den riesigen Vogel besonders gravierend aus.

Argentavis wird zur Familie Teratornithidae gerechnet, die 1909 von dem amerikanischen Paläornithologen Loye Holmes Miller erstmals beschrieben wurde. Bei den Teratornithidae handelt es sich um riesige geierähnliche Vögel, die vom Oberoligozän vor etwa 25 Millionen Jahren bis zum Eiszeitalter vor rund 126.000 Jahren in den USA (Arizona, Nevada, Kalifornien, Florida) und in Südamerika (Ecuador, Argentinien, Brasilien) auftraten.

Teratornis

Eine der bekanntesten Gattungen aus der Familie Teratornithidae ist *Teratornis* aus dem Eiszeitalter vor etwa 1,8 Millionen bis 126.000 Jahren. *Teratornis* (teratos = Wunder, ornis = Vogel, also „Wundervogel") wurde 1909 durch den amerikanischen Paläornithologen Loye Holmes Miller (1874–1970) erstmals wissenschaftlich beschrieben. Miller war Professor für Biologie an der „University of California" in Berkeley. Er studierte Vögel aus dem Eiszeitalter in Kalifornien (Höhlen und Teergruben von Rancho La Brea in Los Angeles) sowie aus dem Eozän in Oregon (Green-River-Formation, Fossil Lake).

Fossile Reste von *Teratornis* liegen aus Arizona, Nevada, Kalifornien und Mexiko vor. Früher hieß es, es gäbe zwei zur Gattung *Teratornis* gehörende Arten. Davon wurde *Teratornis incredibilis* als die größere Art und *Teratornis merriami* als die kleinere betrachtet. Doch 1999 ordneten Kenneth E. Campbell junior, E. Scott und K. B. Springer die Art *Teratornis incredibilis* einer anderen Gattung namens *Aiolornis* zu.

Die Art *Teratornis merriami* ist nach dem amerikanischen Paläontologen John Campbell Merriam (1869–1945) benannt, der ein Kenner der fossilen Wirbeltiere von der Fundstelle Rancho La Brea im Stadtgebiet von Los Angeles war. Jener Vogel erreichte eine Flügelspannweite bis zu 3,80 Metern und ein Lebendgewicht von schätzungsweise 15 Kilogramm. Wenn er stand, hatte er eine Höhe von ungefähr 75 Zentimetern. Diese Art war gegen Ende des Eiszeitalters in Nordamerika weit verbreitet. Fossilien von ihr fand man in Kalifornien, Arizona, Nevada und Florida.

Die meisten fossilen Reste von *Teratornis merriami* wurden in den Teergruben von Rancho La Brea im Stadtgebiet von Los Angeles in Kalifornien entdeckt. Dort fand man Fossilien von mindestens 100 Vögeln dieser Art. In Rancho La Brea wurde ein vollständiges Ökosystem aus dem Eiszeitalter vor etwa 40.000 bis 11.700 Jahren konserviert. Bis heute hat man mehr als 100 Tonnen Fossilien, 1,5 Millionen Knochen und 2,5 Millionen Überreste aus den dortigen Teergruben geborgen, die für viele Tiere zur tückischen Falle geworden waren. In diesen Gruben hatte sich einst Erdöl gesammelt, das nach dem Verdampfen der flüchtigen Bestandteile zu einer zähen, teerigen Masse wurde.

Zum Fundgut von Rancho La Brea gehören über 60 Arten von Säugetieren. Darunter sind bis zu ca. vier Meter hohe „Amerikanische Mammute" *(Mammuthus columbi),* bis zu etwa 1,90 Meter große Riesenfaultiere *(Paramylodon harlani),* Dolchzahnkatzen *(Smilodon fatalis),* riesenhafte Amerikanische Höhlenlöwen *(Panthera leo atrox)* mit einer Gesamtlänge bis zu 3,60 Metern, Puma, Jaguar, Rotluchs und wolfähnliche Wildhunde *(Canis dirus).* Vor mehr als einem dreiviertel Jahrhundert hatten die Teergruben noch auf einer Viehweide am Stadtrand von Los Angeles gelegen, die zu einer Farm namens Rancho La Brea gehörte. Heute befinden sich die Teergruben mitten im Häusermeer von Los Angeles und sind Teil einer Grünanlage namens Hancock Park. Im George C. Page Museum kann man Fossilien von Rancho La Brea bewundern.

Eine weitere Art der Gattung *Teratornis* ist *Teratornis woodburnensis* mit einer Flügelspannweite von mehr als vier Metern. Ein Teilskelett von einem Vogel dieser Art wurde am 29. September 1999 von Alison T. Stenger und Charles Hibbs (beide „Institute for Archaeological Studies" in Portland) und William T. Orr (Direktor des „Condon

Museum of Geology", University of Oregon) im Legion Park im Williamette Valley in Woodburn (Oregon) geborgen. Die wissenschaftliche Erstbeschreibung erfolgte 2002 durch Kenneth E. Campbell junior und Alison T. Stenger. Das Teilskelett von Woodburn stammt aus dem Ende des Eiszeitalters vor etwa 12.000 bis 11.000 Jahren *Teratornis* hatte riesige Flügel, einen großen Schnabel und kaum gekrümmte Krallen. Man nimmt an, er habe wie andere Vögel aus der Familie Teratornithidae die Thermik über offenen Landschaften bei der Nahrungssuche genutzt. Vermutlich ernährte er sich vom Aas verendeter großer eiszeitlicher Säugetiere.

Aiolornis, Cathartornis, Taubatornis

Nur auf wenige fossile Knochen stützt sich das Wissen über die ebenfalls zur Familie der Teratornithidae gehörenden Gattungen *Aiolornis* und *Cathartornis*. Der mit einem besonders großen Schnabel ausgestattete *Aiolornis incredibilis* brachte es auf eine Flügelspannweite von etwa fünf Metern und ein Lebendgewicht von schätzungsweise maximal 23 Kilogramm. Diese Art wurde 1952 durch die amerikanische Paläornithologin Hildegarde Howard (1901–1998) erstmals wissenschaftlich beschrieben und war in Nordamerika heimisch. Wie erwähnt, hatte sie früher *Teratornis incredibilis* geheißen
Cathartornis gracilis ist durch Funde aus den Teergruben von Rancho La Brea in Los Angeles (Kalifornien) nachgewiesen. Die erste wissenschaftliche Beschreibung von *Cathartornis gracilis* erfolgte 1910 durch Loye Holmes Miller. Dass die Teratornithidae bereits im Oberoligozän vor etwa 25 Millionen Jahren existierten, beweist die Entdeckung von *Taubatornis campbelli* von Sao Paulo in Brasilien. Diese Art wurde 2002 durch den amerikanischen Paläornithologen Stors L. Olson und den brasilianischen Paläornithologen Herculano Marcos Ferraz de Alvarengo beschrieben. *Taubatornis* war kleiner als andere Gattungen der Teratornithidae und wies viele Übereinstimmungen mit Neuweltgeiern auf.

Riesige Kurzschwanz-Flugsaurier (Quetzalcoatlus northropi),
Lebensbild aus einer Publikation
von Mark P.- Witton und Darren Nash

Flugsaurier mit Rekord-Flügelspannweiten

Eine noch viel größere Flügelspannweite als der Greifvogel *Argentavis magnificens* aus dem Obermiozän erreichten zwei Kurzschwanz-Flugsaurier (Pterodactyla) aus der Oberkreidezeit vor 72 bis 66 Millionen Jahren. Einer davon heißt *Quetzalcoatlus northropi*, lebte in Nordamerika und hatte eine geschätzte Flügelspannweite von 11 bis 13 Metern. Der andere Flugsaurier namens *Hatzegopteryx thambema* existierte in Europa und besaß eine geschätzte Flügelspannweite von 12 Metern.

Der erste Fossilfund von *Quetzalcoatlus northropi* wurde 1971 von dem amerikanischen Studenten Douglas A. Lawson im texanischen Big-Bend-Nationalpark entdeckt. Dabei handelte es sich um einen Teil des Flügels. Die wissenschaftliche Erstbeschreibung von *Quetzalcoatlus northropi* erfolgte 1975 durch den Entdecker Lawson. Der Gattungsname *Quetzcoatlus* erinnert an die mittelamerikanische Gottheit Quetzalcoatl, die meist in Gestalt einer gefiederten Schlange dargestellt und von den Tolteken, Azteken und Maya verehrt wurde. Der Artname *northropi* erinnert an den Konstrukteur von Nurflügel-Flugzeugen, John Knudsen Northrop (1895–1981).

Quetzalcoatlus northropi gilt als einer der größten Flugsaurier (Pterosauria) und als eines der größten Flugtiere der Erdgeschichte. Wegen seiner hohlen Knochen erreichte er ein für seine enorme Größe relativ geringes Gericht von schätzungsweise nur 100 bis 200 Kilogramm. Im Vergleich mit der Flügelspannweite war sein Rumpf sehr klein. *Quetzalcoatlus northropi* dürfte kein ausdauerndes aktives Flugtier gewesen sein. Man nimmt an, dass er weite Strecken im Segelflug zurücklegte. Dabei nutzten diese Flugsaurier ähnlich wie heutige Altweltgeier thermische Luftströmungen aus. Auf diese Weise konnten sie mit minimalem Energieaufwand stundenlang in der Luft bleiben. Es heißt, *Quetzacoatlus northropi* habe vermutlich durch eigene Kraft vom Boden aus starten können. Dabei müssten allerdings günstige Windverhältnisse geherrscht haben.

Unklar ist, ob sich Zähne im langen und spitzen Schnabel von *Quetzalcoatlus northropi* befanden. Diskutiert wird darüber, ob sich

Bild auf Seite 53:

*Größenvergleich des riesigen kurzschwanz-Flugsauriers
Arambourgiania philadelphiae mit einer Flügelspannweite
zwischen 7 und 13 Metern.
Ein mehr als 60 Zentimeter langer, in drei Teile zerbrochener,
röhrenförmiger Knochen dieses Flugsauriers wurde in den 1940-er
Jahren von einem Bahnarbeiter bei Russeifa in Jordanien
an der Bahnlinie von Amman nach Damaskus entdeckt.
1953 untersuchte der französische Paläontologe
Camille Arambourg (1885–1969 in Paris diesen Fund,
identifizierte ihn 1954 als Mittelhandknochen eines Flügels
und beschrieb ihn 1959 als Titanopteryx philadelphiae.
1975 kam der amerikanische Paläontologe Douglas A. Lawson,
der in jenem Jahr Quetzalcoatlus northropi aus Texas beschrieb,
zu dem Schluss, bei dem Fund aus Jordanien handle es sich
nicht um einen Mittelhandknochen, sondern um einen Halswirbel.
In den 1980-er Jahren erfuhr der russische Paläontologe Lev Nesov,
der Name Titanopteryx („gigantischer Flügel“) sei bereits 1954
von dem deutschen Entomologen Günther Enderlein (1872–1968)
für eine Fliege vergeben worden.
1987 beschrieb Nesov den Fund aus den 1940-er Jahren
als Arambourgiania, womit er Camille Arambourg ehrte.
Der Artname philadelphiae beruht auf einer alten Bezeichnung
für Jordanien. Die Forscher Eberhard Frey und David Matrill
schätzten die Flügelspannweite von Arambourgiania
auf 12 bis 13 Meter und widersprachen der Vermutung, jener
Flugsaurier sei mit Quetzalcoatlus identisch..
Abbildung aus einer Publikation von Mark P. Witton
und Darren Nash*

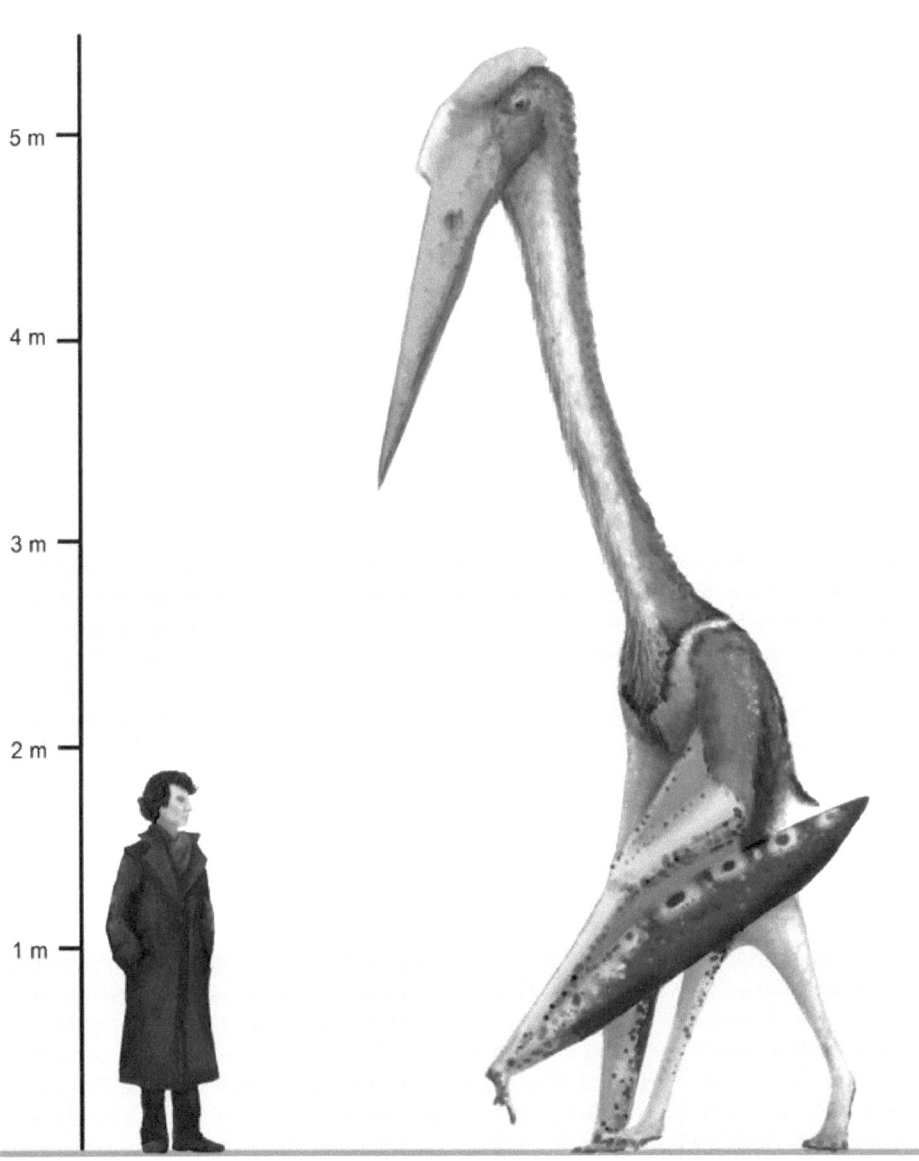

*Lebendrekonstruktion des riesigen Kurzschwanz-Flugsauriers
Hatzegopteryx thambema
im Senckenberg-Museum in Frankfurt am Main*

dieser Flugsaurier am Boden zweibeinig (biped) oder vierbeinig (quadruped) fortbewegte. Letztere Theorie wird neuerdings für wahrscheinlicher gehalten. Auch über die Lebensweise von *Quetzalcoatlus northropi* herrschen unterschiedliche Auffassungen. Wegen seiner langen Halswirbelsäule und seiner langen schnabel-ähnlichen Schnauze könnte dieser Flugsaurier wie ein Reiher im flachen Wasser watend Fische gejagt haben. Möglich erscheint aber auch, dass er sich ähnlich wie ein Marabu von Aas ernährt hat.

Fossilfunde von *Quetzalcoatlus northropi* liegen inzwischen aus Mittel- und Nordamerika vor. Zu Lebzeiten dieses riesigen Flugsauriers breitete sich über große Teile von Nordamerika ein flaches Meer namens Western Interior Seaway aus. Das Klima in Texas in der Oberkreidezeit glich demjenigen gegenwärtiger tropischer Meeresküsten. Lebensraum von *Quetzalcoatlus northropi* war das Ufer des Flachmeeres. Fossile Knochen verwandter Flugsaurier-Arten sind auch im „Dinosaur Provincial Park" in der kanadischen Provinz Alberta entdeckt wor-den.

Mit einem Irrtum begann die Entdeckungsgeschichte des riesigen Kurz-schwanz-Flugsauriers *Hatzegopteryx thambema*. Die 1978 von dem Paläontologen Dan Grigorescu im Nordwesten von Rumänien gefunde-nen Fossilien dieses unbekannten Tieres wurden anfangs als Reste eines zweibeinigen und fleischfressenden Dinosauriers fehlgedeutet. Erst Ende der 1990-er Jahre erkannte man am leichten Knochenbau, dass es sich um einen Flugsaurier handelte. Die wissenschaftliche Erstbe-schreibung erfolgte 2002 durch die Paläontologen Éric Buffetaut aus Frankreich sowie Dan Grigorescu und Zoltan Ciski aus Rumänien. Sie setzten den Gattungsnamen *Hatzegopteryx* aus dem Namen des Fundortes Hateg und aus dem griechischen Wort pteryx für Flügel zusammen. Der Artname *thambema* kommt aus dem Griechischen und erinnert an die monströse Größe dieses Flugsauriers.

Bei den fossilen Resten von *Hatzegopteryx thambema* handelte es sich um Fragmente des Schädels und des körpernahen Teils des Oberarmknochens (Humerus). Der Schädel erreichte vermutlich eine

Kurzschwanz-Flugsaurier Pterandon.
Lebensbild des Berliner Tiermalers Heinrich Harder (1858–1935)

Länge von rund 3 Metern. Mit diesem Rekordmaß wäre es der größte bekannte Schädel eines nicht im Meer lebenden Wirbeltieres. Anhand der geschätzten Länge von etwa 55 Zentimetern und dem Durchmesser von 9 Zentimetern des erhaltenen Teils des Oberarmknochens schätzte man eine Flügelspannweite von etwa 12 Metern. Trotz seiner imposanten Größe soll *Hatzegopteryx thambema* nur ein Lebendgewicht von nicht mehr als 100 Kilogramm gehabt haben.

Bis zur Entdeckung von *Quezalcoatlus northropi* und *Hatzegopterx thambema* galt der Kurzschwanz-Flugsaurier *Pteranodon sternbergi* aus Nordamerika mit einer Flügelspannweite bis zu 9 Metern als der Rekordhalter unter den Flugsauriern. Die Gattung *Pteranodon* („Zahnloser Flügel") wurde 1876 von dem amerikanischen Paläontologen Othniel Charles Marsh (1831–1899) erstmals wissenschaftlich beschrieben. Sie existierte in der Oberkreidezeit vor 86,3 bis 72 Millionen Jahren. Von *Pteranodon* kennt man aus Kansas, Alabama, Nebraska, Wyoming und South Dakota mehr als 1.000 fossile Funde. Rätselhaft ist die Funktion des langen Hinterhauptskamms, der bei vielen Exemplaren von *Pteranodon* erkannt wurde. Dieser Kamm könnte ein Gegengewicht zum Schnabel und wichtig für die Flugstabilität beim Fischfang gewesen sein. Vielleicht diente der Hinterhauptskamm aber auch als Ansatz für kräftige Kiefermuskeln oder für die Kommunikation mit Artgenossen. Der amerikanische Wissenschaftler S. Christopher Bennett vermutet, bei dem langen Kamm handle es sich um ein Geschlechtsmerkmal. Nur Männchen hätten größere Hinterhauptskämme getragen. Von *Pteranodon* nimmt man an, dass er Seewinde zum Gleitflug nutzte. Fischgräten im Magenhalt eines *Pteranodon* verrieten, wovon sich dieser Flugsaurier ernährte.

Literatur

BUFFETAUT, Éric / GRIGORESCU, Dan / CSIKI, Zoltan: A new giant pterosaur with a robust skull from the latest Cretaceous of Romania. Naturwissenschaften 89: S. 180–184, Heidelberg 2002

CAMPBELL, Kenneth E. Junior / SCOTT, E./ SPRINGER, K. B.: A new genus for the Incredible Teratorn (Aves: Teratornithidae). Smithsonian Contributions to Paleobiology 89: S. 169–175, Washington 1999

CAMPBELL, Kenneth E. junior / TONNI, Eduardo P.: A new genus of teratorn from the Huayquerian of Argentina (Aves: Teratornithidae). Contributions in Science, Natural History Museum of Los Angeles County 330: S. 59–68, Los Angeles 1980

CAMPBELL, Kenneth E. junior / TONNI, Eduardo P.: Size and locomotion in teratorns (Aves: Teratornithidae). In: The Auk. Washington DC 1983

COX, Barry / DIXON, Dougal / GARDINER, Brian / SAVAGE, R. J. G.: *Argentavis magnificens*. In: Dinosaurier und andere Tiere der Vorzeit, S. 180, München 1989

FEDUCCIA, Alan: The origin and evolution of birds. New Haven/ London 1996

LAWSON, Douglas A.: Pterosaur from the Latest Cretaceous of West Texas: Discovery of the Largest Flying Creature. Science, 187: S. 947–948, Washington 1975

MILLER, Loye Holmes: *Teratornis,* a new avian genus from Rancho La Brea. University of California Publications, Bulletin of the Department of Geology 5: S. 305–317, Berkeley 1909

PROBST, Ernst: Rekorde der Urzeit, München 1992

PALMQVIST, Paul / VIZCAÍNO, Sergio F.: Ecological and reproductive constraints of body size in the gigantic *Argentavis magnificens* (Aves, Theratornithida) from the Miocene of Argentina. Ameghiniana (Rev. Asoc. Palaeontol. Argent.), 40(3): S. 379–385, Buenos Aires, 30. September 2003

OLSON, Stors L. / ALVARENGA, Herculano Marcos Ferraz de: A new genus of small teratorn from the Middle Tertiary of the Taubaté

Basin, Brazil (Aves: Teratornithidae). Proceedings of the Biological Society of Washington 115(4): S. 701–705, Washington 2002
TONNI, Eduardo P.: The present state of knowledge of the Cenozoic birds of Argentina. In: Papers in avian paleontology honoring Hildegard Howard, K. Cambell (editor), Contributions in Science. Natural History Museum of Los Angeles Country, 330: S. 105–114, Los Angeles 1980
WELLNHOFER, Peter: Flugsaurier, Wittenberg 1980
WIKIPEDIA (Online-Lexikon) *Argentavis magnificens*
http://de.wikipedia.org/wiki/Argentavis_magnificens
WIKIPEDIA (Online-Lexikon) *Hatzegopteryx*
http://de.wikipedia.org/wiki/Hatzegopteryx
WIKIPEDIA (Online-Lexikon) *Quetzalcoatlus*
http://de.wikipedia.org/wiki/Quetzalcoatlus

Bildquellen

Teile des Vogelskeletts

1 Schädel (Cranium)
2 Halswirbel
3 Gabelbein (Furcula)
4 Rabenbein (Coracoid)
5 Rippe
6 Brustbeinkamm (Carina sterni)
7 Kniescheibe (Patella)
8 Tarsometatarsus
9 erste Zehe
10 Tibiotarsus
11 Wadenbein (Fibula)
12 Oberschenkelknochen
13 Schambein
14 Sitzbein
15 Darmbein
16 Schwanzwirbel
17 Pygostyl
18 Synsacrum
19 Schulterblatt
20 Notarium
21 Oberarmknochen (Humerus)
22 Elle (Ulna)
23 Speiche
24 Carpometacarpus
25 Digitus minor
26 Digitus major
27 Daumen oder Alula (Digitus alulae)

Quelle: Wikipedia

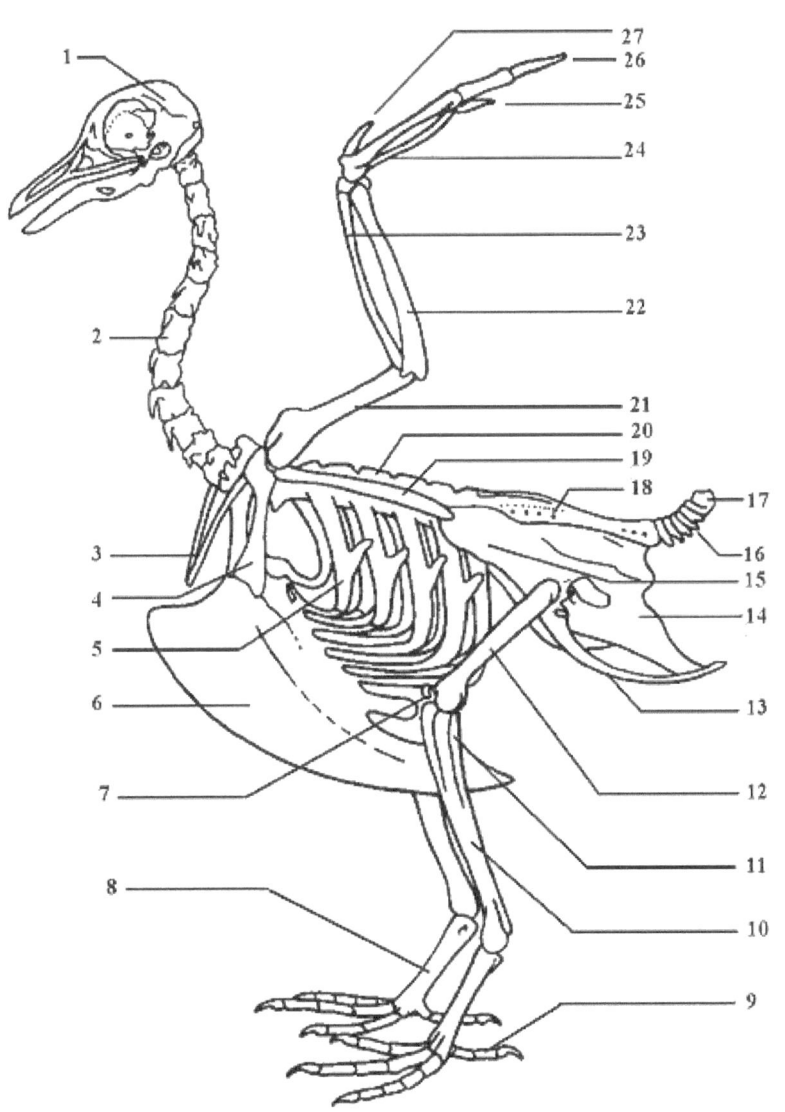

Autor Ernst Probst

Der Autor

Ernst Probst, geboren am 20. Januar 1946 in Neunburg vorm Wald im bayerischen Regierungsbezirk Oberpfalz, ist Journalist und Wissenschaftsautor. Er arbeitete von 1968 bis 1971 als Redakteur bei den „Nürnberger Nachrichten", von 1971 bis 1973 in der Zentralredaktion des „Ring Nordbayerischer Tageszeitungen" in Bayreuth und von 1973 bis 2001 bei der „Allgemeinen Zeitung", Mainz. In seiner Freizeit schrieb er Artikel für die „Frankfurter Allgemeine Zeitung", „Süddeutsche Zeitung", „Die Welt", „Frankfurter Rundschau", „Neue Zürcher Zeitung", „Tages-Anzeiger", Zürich, „Salzburger Nachrichten", „Die Zeit", „Rheinischer Merkur", „Deutsches Allgemeines Sonntagsblatt", „bild der wissenschaft", „kosmos", „Deutsche Presse-Agentur" (dpa), „Associated Press" (AP) und den „Deutschen Forschungsdienst" (df). Aus seiner Feder stammen die Bücher „Deutschland in der Urzeit" (1986), „Deutschland in der Steinzeit" (1991), „Rekorde der Urzeit" (1992), „Dinosaurier in Deutschland" (1993 zusammen mit Raymund Windolf) und „Deutschland in der Bronzezeit" (1996). Von 2001 bis 2006 betätigte sich Ernst Probst als Buchverleger sowie zeitweise als internationaler Fossilienhändler und Antiquitätenhändler. Insgesamt veröffentlichte er mehr als 300 Bücher, Taschenbücher, Broschüren und über 300 E-Books.

Lebensbild des Laufvogels Gastornis (früher Diatryma genannt) von Monika Betley bei „Wikipedia"

Bücher von Ernst Probst

Aepyornis. Der Vogel, der die größten Eier legte
Archaeopteryx. Die Urvögel aus Bayern
Argentavis. Der größte fliegende Vogel
Brontornis. Riesenvögel in Argentinien
Dinornis. Der größte Vogel aller Zeiten
Dromornis. Der schwerste Vogel aller Zeiten
Gastornis. Der verkannte Terrorvogel
Harpagornis. Der größte Greifvogel der Neuzeit
Hesperornis. Der große Vogel des Westens
Pelagornis. Der größte Meeresvogel
Phorusrhacos. Der riesige Terrorvogel
Rekorde der Urzeit. Landschaften, Pflanzen und Tiere
Rekorde der Urmenschen. Erfindungen, Kunst
und Religion
Tiere der Urwelt. Leben und Werk
des Berliner Malers Heinrich Harder
Dinosaurier von A bis K. Von Abelisaurus
bis zu Kritosaurus
Dinosaurier von L bis Z. Von Labocania
bis zu Zupaysaurus
Dinosaurier in Deutschland
Dinosaurier in Baden-Württemberg
Dinosaurier in Bayern
Dinosaurier in Niedersachsen
Raub-Dinosaurier von A bis Z
Der Ur-Rhein. Rheinhessen vor zehn Millionen Jahren
Als Mainz noch nicht am Rhein lag
Der Rhein-Elefant. Das Schreckenstier von Eppelsheim
Krallentiere am Ur-Rhein

Menschenaffen am Ur-Rhein
Säbelzahntiger am Ur-Rhein
Johann Jakob Kaup. Der große Naturforscher
aus Darmstadt
Säbelzahnkatzen. Von Machairodus bis zu Smilodon
Die Säbelzahnkatze Machairodus
Die Säbelzahnkatze Homotherium
Die Dolchzahnkatze Megantereon
Die Dolchzahnkatze Smilodon
Deutschland im Eiszeitalter
Der Mosbacher Löwe
Höhlenlöwen. Raubkatzen im Eiszeitalter
Der Höhlenlöwe
Eiszeitliche Raubkatzen in Deutschland
Eiszeitliche Geparde in Deutschland
Eiszeitliche Leoparden in Deutschland
Löwenfunde in Deutschland, Österreich
und der Schweiz
Der Höhlenbär
Das Mammut
Monstern auf der Spur. Wie die Sagen über Drachen, Riesen
und Einhörner entstanden
Affenmenschen. Von Bigfoot bis zum Yeti
Nessie. Das Monsterbuch
Seeungeheuer. 100 Monster von A bis Z
Tiere der Urwelt. Leben und Werk des Berliner Malers
Heinrich Harder

Bestellungen bei: www.grin.com